Parti Vocali

Soli
Soprano, Tenore, Baritono

Soli brevi
3 Tenori, Baritono, 2 Bassi

Gran coro ·
Coro piccolo
Ragazzi

Orchestra

3 Flauti
    anche 2 Ottavini

3 Oboi
    anche Corno inglese

1 Clarinetto in Mi♭ e Si♭

2 Clarinetti in Si♭ e La
    anche Clarinetto basso

2 Fagotti

1 Contrafagotto

4 Corni in Fa

3 Trombe in Si♭ e Do

3 Tromboni

1 Tuba

5 Timpani
    anche uno piccolo

1 Celesta

2 Pianoforti

Violini primi

Violini secondi

Viole

Violoncelli

Contrabbassi

Percussione: (5 suonatori)
3 Glockenspiele, Xilofono, Castagnetta, Raganella, Sonagli, Tri-
angolo, 2 Cymbali antichi (Piatti piccoli), 4 Piatti (⁀ e ⊥),
Tamtam, 3 Campane , Campane tubolare, Campana,
Tamburo basco, 2 Casse chiare, Cassa grande

Index

Carl Orff

1895 – 1982

Carmina Burana

Cantiones profanae

cantoribus et choris cantandae
comitantibus instrumentis atque imaginibus magicis

Klavierauszug von / Piano Reduction by
Henning Brauel

ED 2877
ISMN M-001-04014-3

 SCHOTT

Mainz · London · Berlin · Madrid · New York · Paris · Prague · Tokyo · Toronto
© 1996 SCHOTT MUSIC GmbH & Co. KG, Mainz · Printed in Germany

www.schott-music.com

Carmina Burana
Fortuna Imperatrix Mundi

1. O Fortuna

Carl Orff
1895 - 1982

de - te - sta - bi - lis nunc ob - du - rat

de - te - sta - bi - lis nunc ob - du - rat

de - te - sta - bi - lis nunc ob - du - rat

de - te - sta - bi - lis nunc ob - du - rat

et tunc cu - rat lu - do men - tis a - ci -

et tunc cu - rat lu - do men - tis a - ci -

et tunc cu - rat lu - do men - tis a - ci -

et tunc cu - rat lu - do men - tis a - ci -

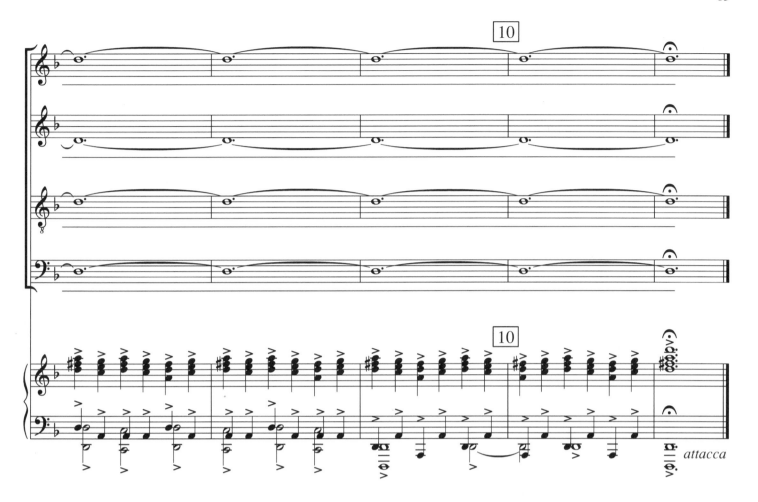

2. Fortune plango vulnera

1. For - tu - ne plan - go vul - ne - ra stil - - lan - ti - bus o - cel - lis,
2. In __ For - tu - ne so - li - o se - - - de-ram e - la - tus,
3. For-tu - ne ro - ta vol - vi - tur: de - - scen-do mi - no - ra - tus;

se – qui – tur Oc – ca – sio cal – va – – ta.
cor – ru – i glo – ri – a pri – va – – tus.
le – gi – mus He – cu – bam re – gi – – nam.

se – qui – tur Oc – ca – sio cal – va – – ta.
cor – ru – i glo – ri – a pri – va – – tus.
le – gi – mus He – cu – bam re – gi – – nam.

se – qui – tur Oc – ca – sio cal – va – – ta.
cor – ru – i glo – ri – a pri – va – – tus.
le – gi – mus He – cu – bam re – gi – – nam.

2/♩ più mosso

13

I
Primo vere

3. Veris leta facies

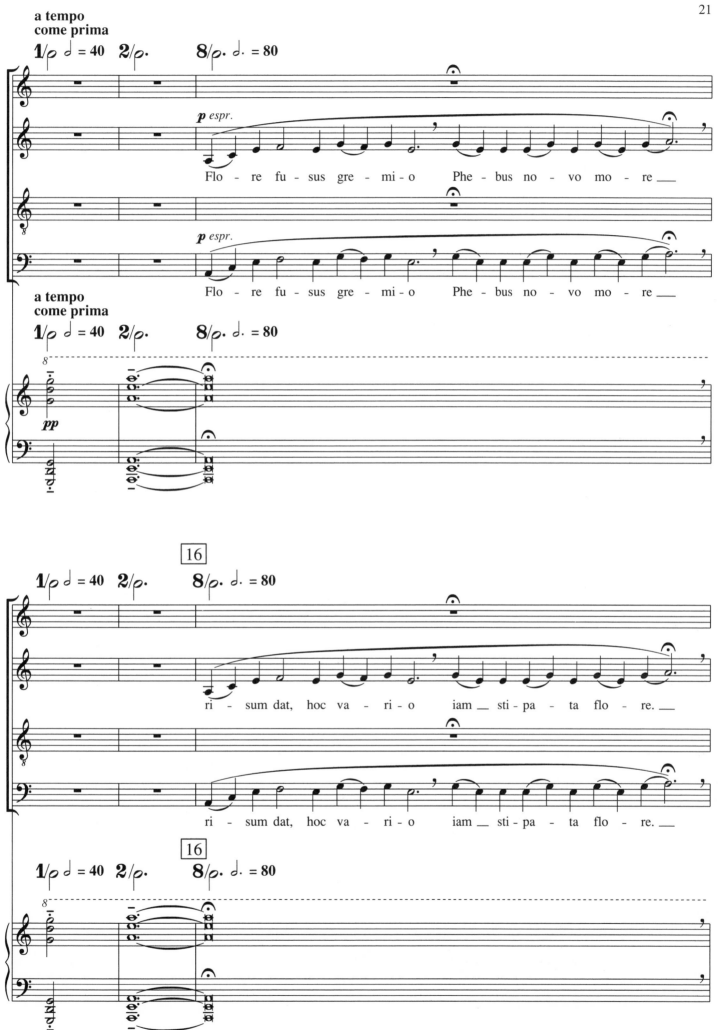

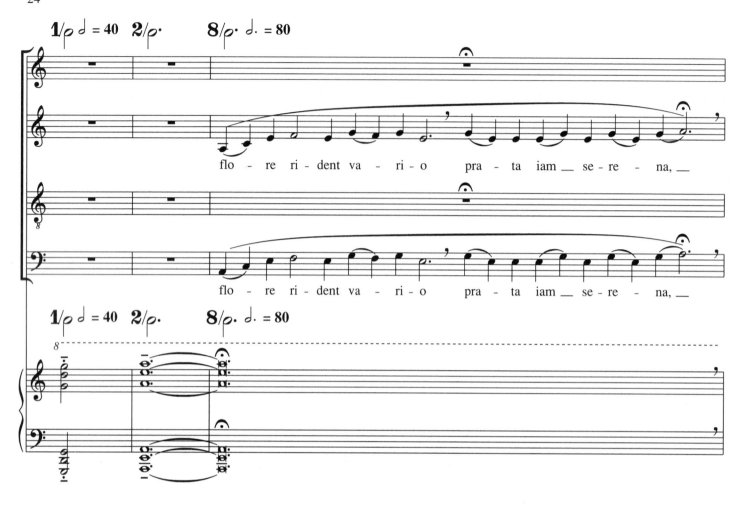

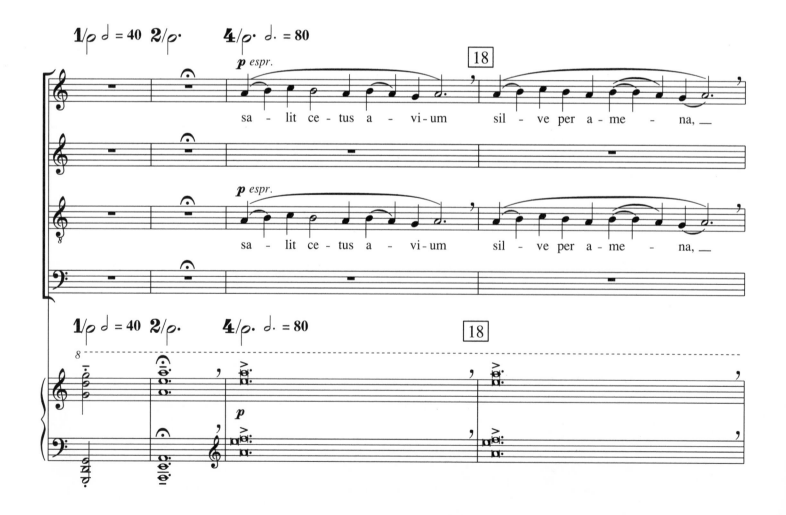

4. Omnia sol temperat

Om - ni-a sol tem-pe-rat pu-rus et sub-ti - lis,

no-va mun-do re-se-rat fa-ci - es A-pri-lis, ad___ A-mo-rem pro-pe-rat a - ni-mus he - ri - lis,

et io-cun-dis im-pe-rat de-us pu-e-ri - lis. Re -

- rum tan - ta no-vi-tas in sol-lem-ni ve - re et ve-ris auc-to-ri-tas iu-bet nos gau-de-re, vi -

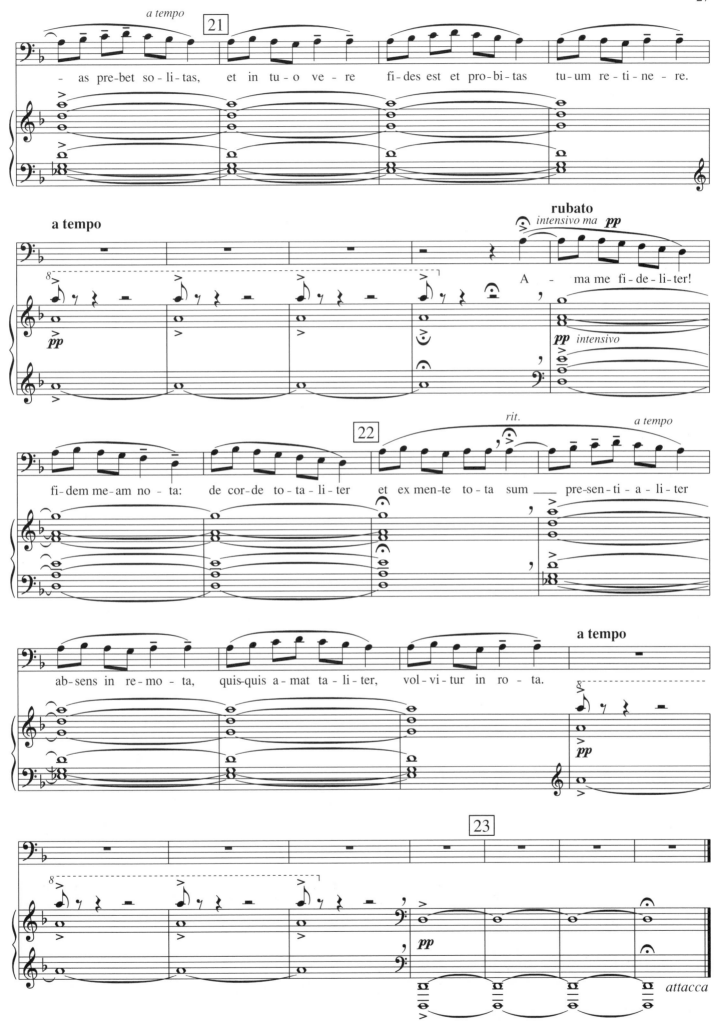

5. Ecce gratum

Uf dem anger

6. Tanz

attacca

7. Floret silva

49

50

51

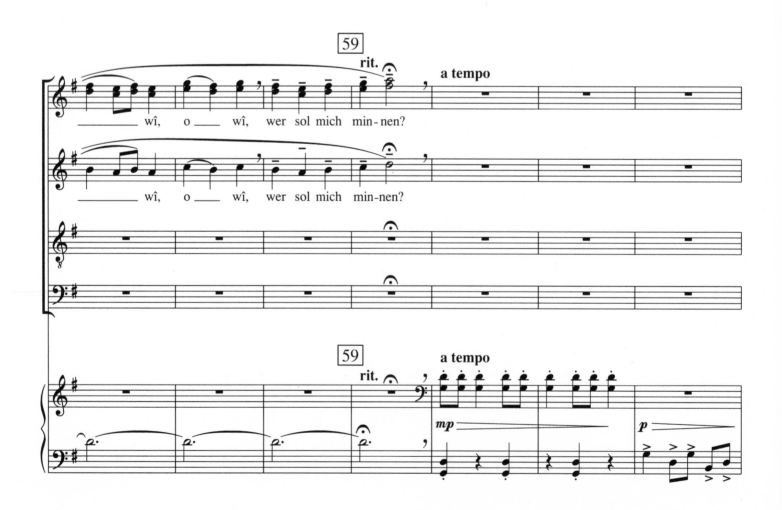

attacca

8. Chramer, gip die varwe mir

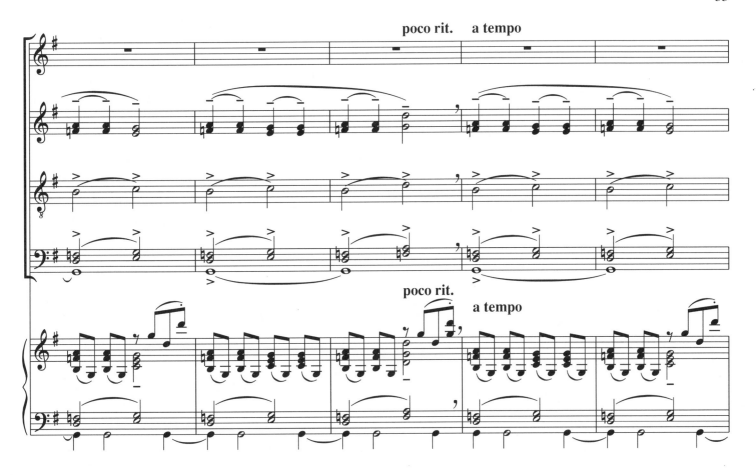

9. Reie

andante poco esistante

attacca

Swaz hie gat umbe

attacca

60

Chume, chum, geselle min

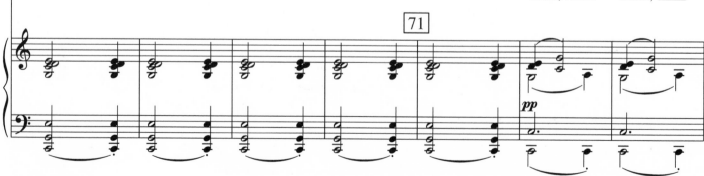

Chum uñ __ ma - che mich ge - sunt, su - zer __ ro - sen - var - wer munt.

chum __ chum __ chum _____ chum __ chum __ chum. _____

attacca

Swaz hie gat umbe

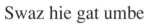

♩. = 76
a tempo
come prima

attacca

10. Were diu werlt alle min

II
In Taberna

11. Estuans interius

et ad - iun - gor pra - vis. Mi - hi cor - dis gra - vi - tas res vi - de - tur

gra - vis; io - cus est a - ma - bi - lis dul - ci - or - que fa - vis;

quic - quid Ve - nus im - pe - rat, la - bor est su - a - vis, que nun - quam in

cor - di - bus ha - bi - tat ig - na - vis.

attacca

12. Olim lacus colueram

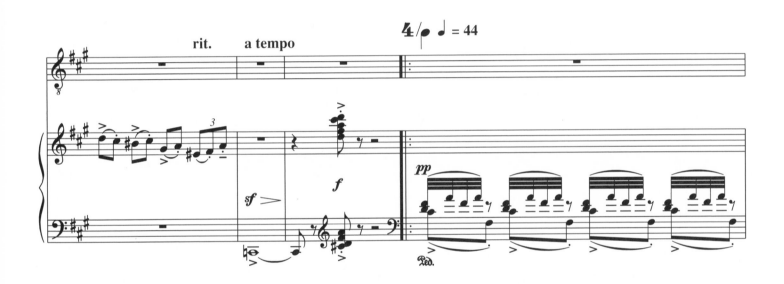

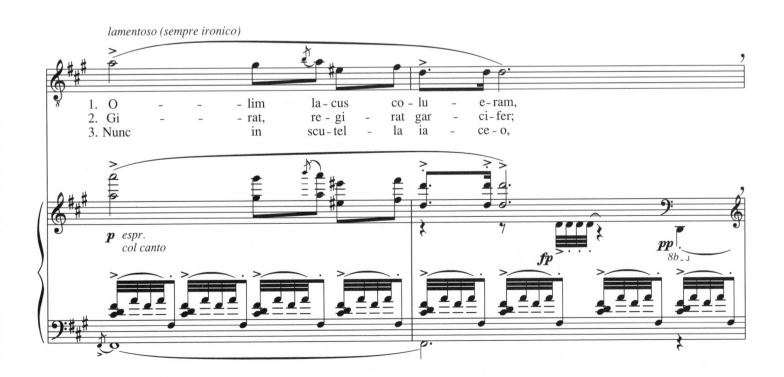

1. O — — lim la - cus co - lu - e - ram,
2. Gi — — rat, re - gi - rat gar - ci - fer;
3. Nunc in scu - tel - la ia - ce - o,

o - - lim pul - cher ___ ex - ti - te - ram,
me - ro - gus u - rit ___ for - ti - ter:
et vo - li - ta - re ___ ne - que - o,

dum cig - nus e - - go fu - e - ram.
pro - pi - nat me ___ nunc da - pi - fer.
den - tes fren - den - - tes vi - de - o:

Coro

T
Mi - ser, mi - ser! mo - do ni - ger et u - stus for - ti - ter!

B
Mi - ser, mi - ser! mo - do ni - ger et u - stus for - ti - ter!

stringendo

dim. (senza rit.)

staccatissimo

attacca

13. Ego sum abbas

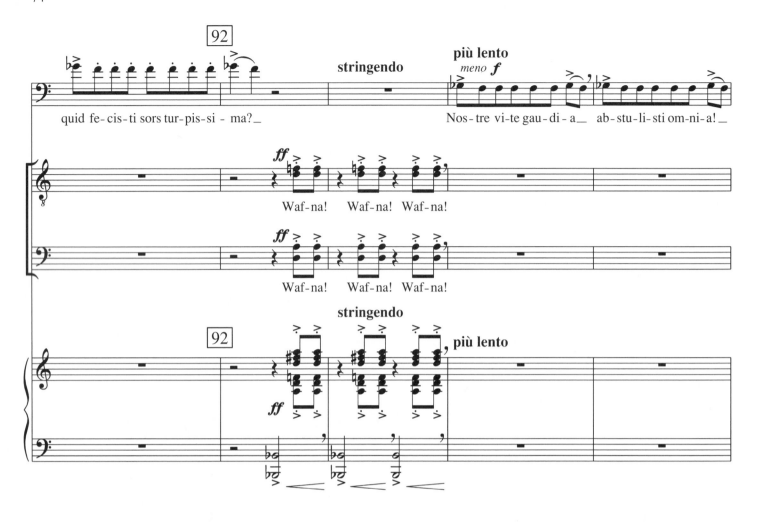

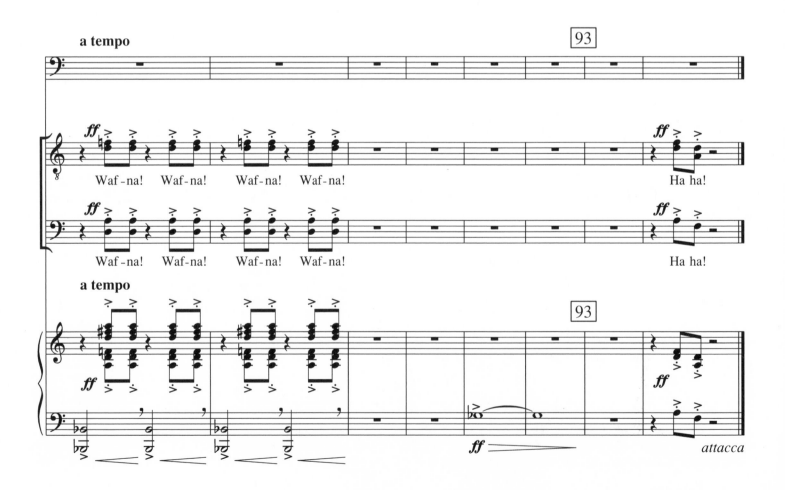

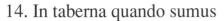

14. In taberna quando sumus

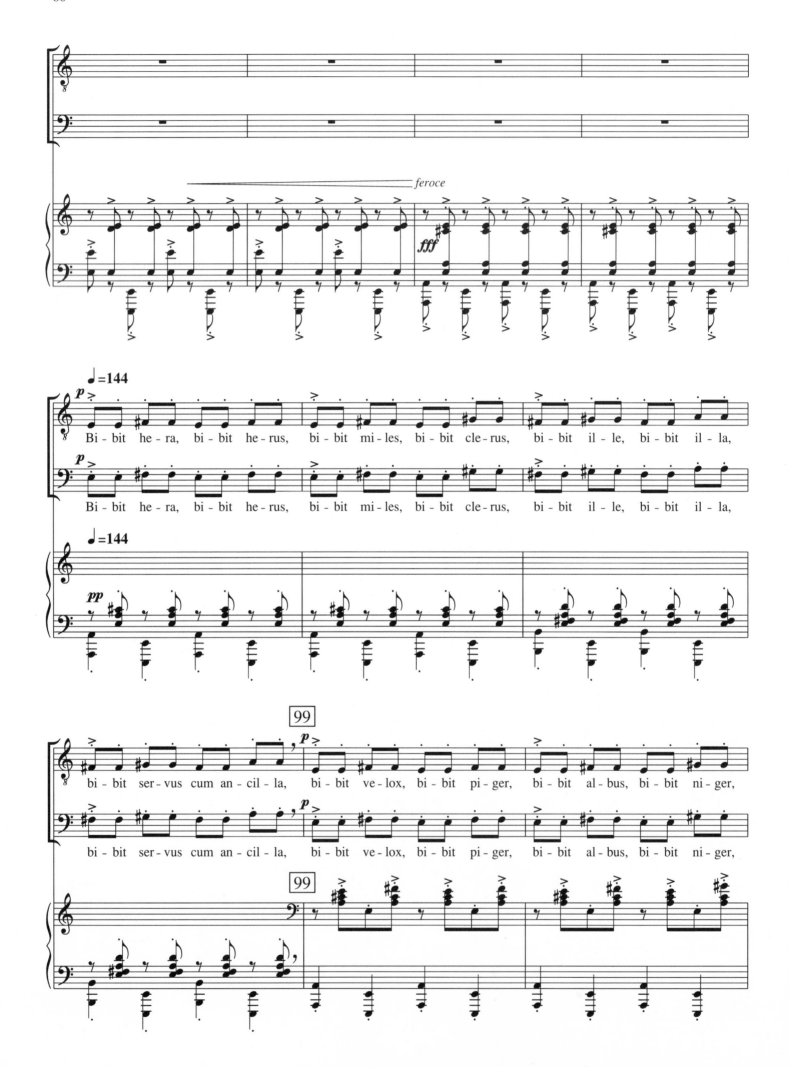

III
Cour d'amours

15. Amor volat undique

86

16. Dies, nox et omnia

89

17. Stetit puella

115

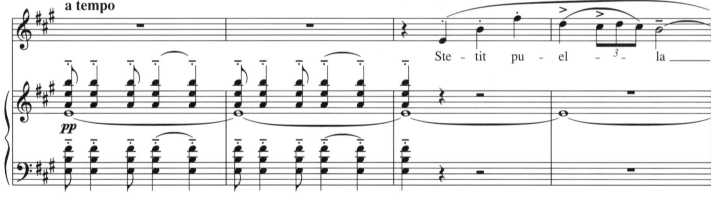

116

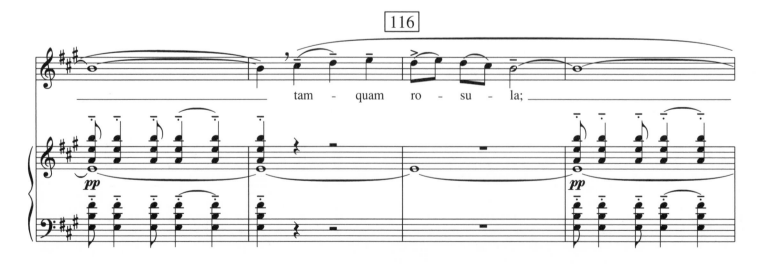

fa - cie splen - du - it,

poco rit.

os ei - us flo - ru - it.

117 **a tempo**

Ei - - - - - - - a, ei -

pp dolcissimo

- a, ei - a, ei - - - a.

dolce
pp

attacca

18. Circa mea pectora

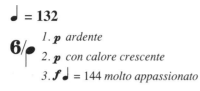

Baritono Solo

1. Cir - ca me - a pec - to - ra   mul - ta sunt sus - pi - ri - a
2. Tu - i lu - cent o - cu - li   sic - ut so - lis ra - di - i,
3. Vel - let de - us, vel - lent dii   quod men - te pro - po - su - i:

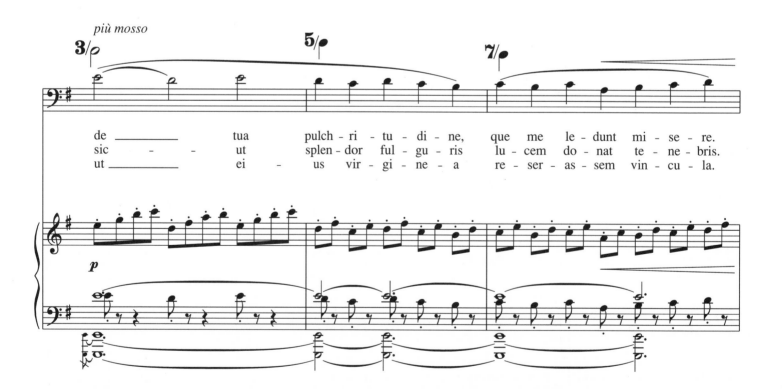

più mosso

de _____ tua   pulch - ri - tu - di - ne,   que me le - dunt mi - se - re.
sic - ut   splen - dor ful - gu - ris   lu - cem do - nat te - ne - bris.
ut _____ ei - us vir - gi - ne - a   re - ser - as - sem vin - cu - la.

min ge - sel - le chu-met niet,

min ge - sel - le chu-met niet,

f brioso

1.-3. Man - da liet, man - da liet, min ge - sel - le chu - met niet!

f brioso

1.-3. Man - da liet, man - da liet, min ge - sel - le chu - met niet!

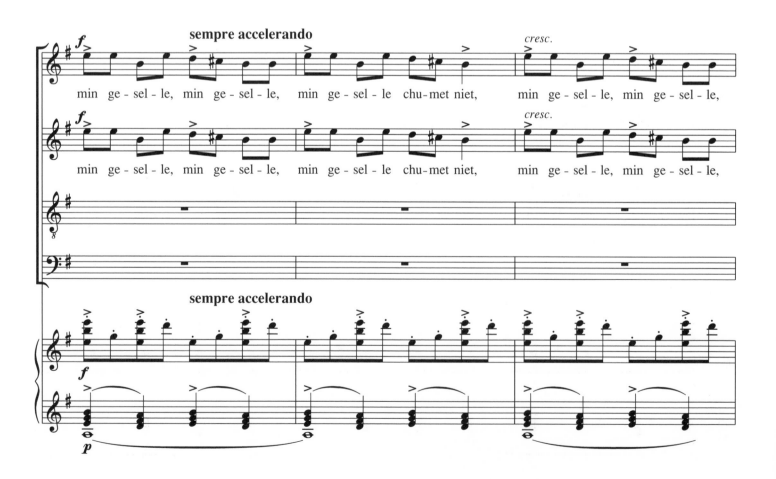

sempre accelerando

cresc.

min ge - sel - le, min ge - sel - le, min ge - sel - le chu-met niet, min ge - sel - le, min ge - sel - le,

cresc.

min ge - sel - le, min ge - sel - le, min ge - sel - le chu-met niet, min ge - sel - le, min ge - sel - le,

sempre accelerando

19. Si puer cum puellula

attacca

20. Veni, veni, venias

Coro II

21. In trutina

Soprano Solo

In _ tru - ti - na men - tis _ du - bi - a _____ fluc - tu - ant con -

attacca

22. Tempus est iocundum

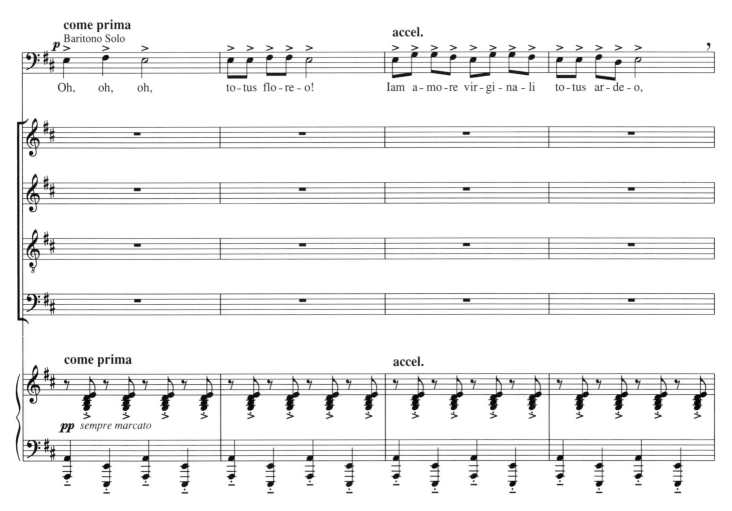

attacca

23. Dulcissime

Soprano Solo: Dul-cis-si-me, ah _____ to-tam ti-bi sub-do me!

Blanziflor et Helena

24. Ave formosissima

S: A - ve for - mo - sis - - si - ma, gem - ma pre - ti -

A: A - ve for - mo - sis - - si - ma, gem - ma pre - ti -

T: A - ve for - mo - sis - - si - ma, gem - ma pre - ti -

B: A - ve for - mo - sis - - si - ma, gem - ma pre - ti -

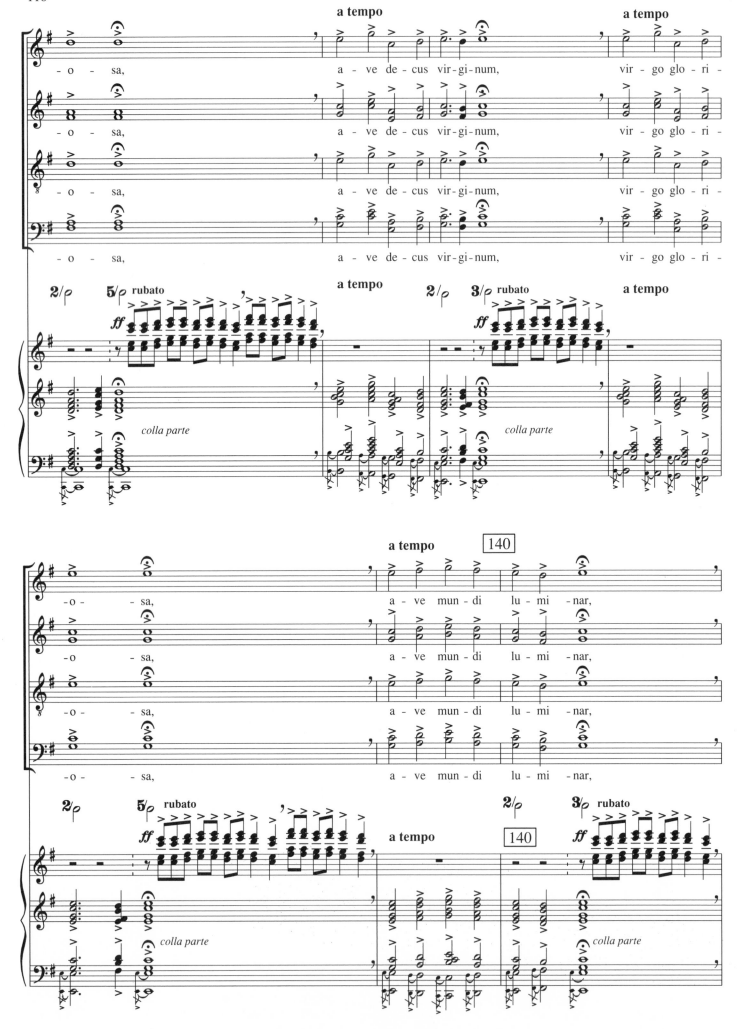

Fortuna Imperatrix Mundi

25. O Fortuna

de - te - sta - bi - lis nunc ob - du - rat

et tunc cu - rat lu - do men - tis a - ci -

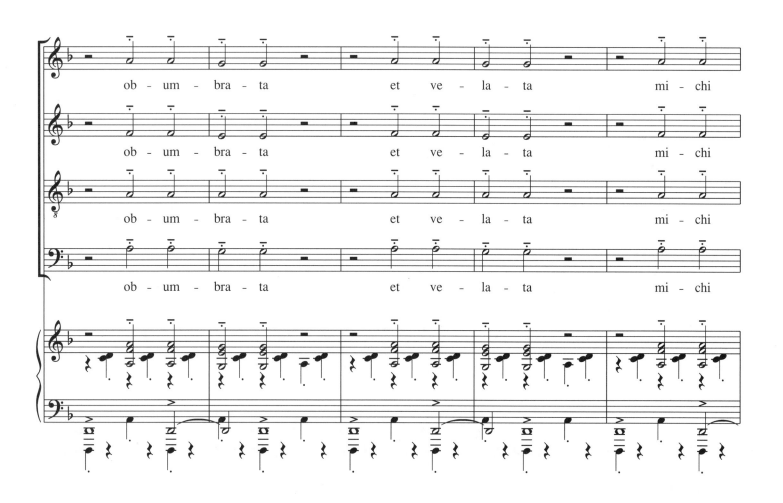

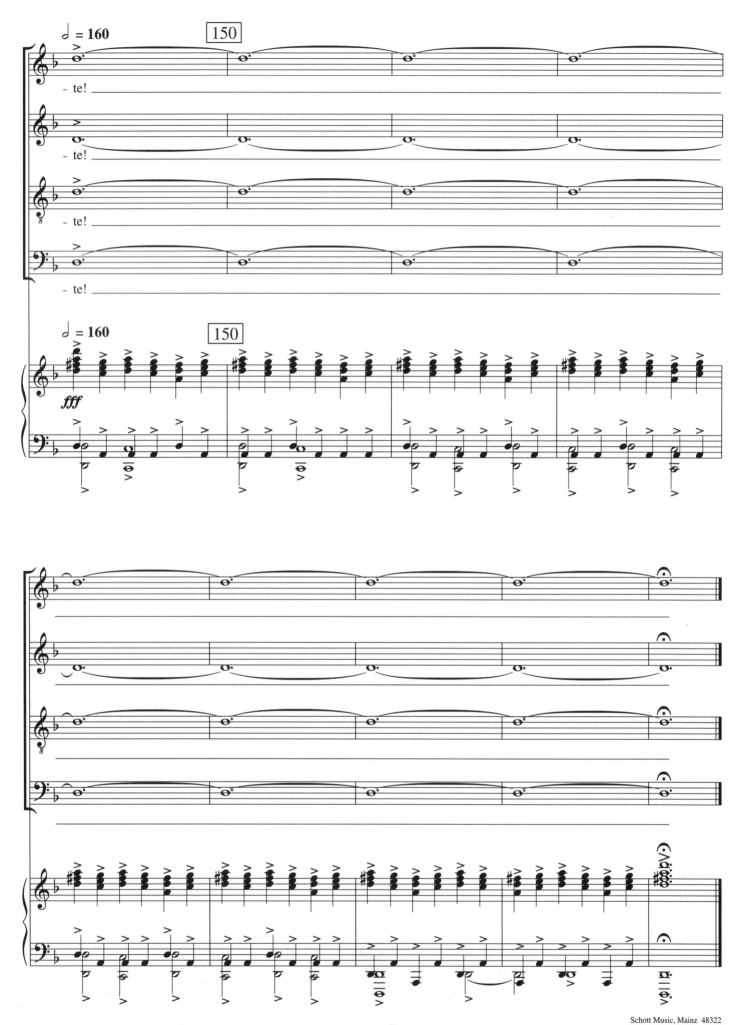